Prüfungswissen kompakt

Dipl.-Wirtschaftswissenschaftler Michael Sielmann

Gesundheitsfachwirte

Betriebliche Prozesse

Vorbereitung auf die IHK-Klausuren 2016

Inhalt nach DIHK-Rahmenplan für die Prüfung der Fachwirte im Gesundheits- und Sozialwesen (PO 2011)

Planen, Steuern und Organisieren betrieblicher Prozesse

Aschaffenburg, Mai 2016

Letzte berücksichtigte Klausur:
April 2016

Kontakt:
gfw@fachwirteverlag.de

ISBN 978-3-95887-516-6

Bibliografische Information der Deutschen Nationalbibliothek:
Die Deutsche Nationalbibliothek verzeichnet diese Publikation in der Deutschen Nationalbibliografie; detaillierte bibliografische Daten sind im Internet über http://dnb.dnb.de abrufbar.

Umschlaggestaltung: Simone Meckel

Herstellung und Vertrieb: BoD – Books on Demand

Inhaltsverzeichnis

Vorbemerkung

Dieses Buch ist **kein Lehrbuch** für Einsteiger. Die Reihe **»Prüfungswissen kompakt«** bietet vielmehr knappe und zuverlässige Zusammenfassungen für die unmittelbare Prüfungsvorbereitung. Es wurden alle Stichpunkte des Rahmenplans und alle bisherigen Klausurfragen einschließlich 2014 berücksichtigt. Bei jedem Thema ist angegeben, in welcher Klausur und Frage dieser Stoff vorkam. Damit ist auf einen Blick zu erkennen, was bisher wie oft gefragt wurde, und es können schnell in den bisher geschriebenen Klausuren passende Aufgaben zum Üben gefunden werden. Allerdings sind hier die Lösungshinweise ursprünglich für die Korrektoren gedacht und deshalb oft für die Prüfungsvorbereitung nur begrenzt hilfreich. Wer weitere Klausuren zum Üben mit Musterlösungen sucht, sollte sich das entsprechende Buch vom gleichen Autor in den Literaturhinweisen am Ende anschauen.

In dem Buch **Gesundheitsfachwirte: Zusammenfassung für die IHK-Klausuren 2016** (ISBN: 9783-95887-595-1) ist so der komplette Stoff der Prüfung dargestellt. Dieser Band **Betriebliche Prozesse** ist gedacht für diejenigen, die nur in diesem Handlungsbereich eine zusätzliche Unterstützung brauchen, zum Beispiel prüfen wollen, ob sie auch den gesamten Stoff nach Rahmenplan gelernt haben, oder es einfach praktischer finden, zu jedem Handlungsbereich eine eigene Unterlage zu haben.

1. Prinzipien, Strukturen und Aufgaben

1.1 Aufgaben und Verantwortung eines modernen Staatswesens

2014 Früh Aufg. 7
Sozialstaatsprinzip, Artikel 20, Absatz 1 des Grundgesetzes
Artikel 20, Absatz 1 Grundgesetz
„Die Bundesrepublik Deutschland ist ein demokratischer und sozialer Bundesstaat".

Staatliche Regelungen zur Sicherung des Sozialstaatsprinzips im Gesundheitswesen (Beispiele)
-Jede Person, die in Deutschland lebt, muss prinzipiell privat oder gesetzlich krankenversichert sein.
-Der Versicherungsschutz muss eine ausreichende, zweckmäßige und wirtschaftliche medizinische und pflegerische Behandlung sichern.
-Es gilt dabei der Grundsatz „ambulant vor stationär".
-Der Bundesstaat und die Bundesländer haben die Versorgung der Bevölkerung mit Gesundheitsleistungen sicherzustellen.
-Der Staat kann sich dabei planwirtschaftlicher Elemente (wie die Krankenhauspläne der Bundesländer) bedienen.

Krankenhauspläne der Bundesländer

Um eine bedarfsgerechte Versorgung der Bevölkerung zu sichern, haben alle Bundesländer sogenannte Krankenhauspläne erstellt. Die Standorte der Krankenhäuser in den Krankenhausplänen richten sich vorrangig nach den Bedürfnissen der Bevölkerung. Die in diesen Krankenhausplänen aufgeführten Krankenhäuser haben Anspruch auf Förderung der Investitionen nach dem Krankenhausfinanzierungsgesetzen des Bundes und der Länder. In der Krankenhausplanung werden

-Standort
-Gesamtbettenzahl
-Fachabteilungen
-Leistungsschwerpunkte
-Versorgungsstufen (nicht in allen Bundesländern)

der Krankenhäuser festgelegt.

Versorgungsstufen

Die Einteilung der Krankenhäuser nach Versorgungsstufen ist ein Ansatz, eine bedarfsgerechte und gleichmäßige Verteilung der Krankenhausleistungen in Sachen Leistungsfähigkeit, Erreichbarkeit und Vielfalt zu erreichen. Da mit der Aufnahme in den Krankenhausplan des jeweiligen Bundeslandes und die Eingruppierung nach Versorgungsstufen auch ein Anspruch auf finanzielle Förderung ersteht, geht es letztlich auch um eine möglichst gerechte Verteilung der staatlichen Mittel.

Die Bundesländer gestalten die Einteilung nach Versorgungsstufen sehr unterschiedlich. Es werden bis zu fünf verschiedene Versorgungsstufen festgelegt:

-Krankenhäuser der Grundversorgung
-Krankenhäuser der Regelversorgung (Kreiskrankenhäuser)
-Krankenhäuser mit überörtliche Schwerpunktaufgaben
-Krankenhäuser der Maximalversorgung (Uni-Kliniken)
-Fachkrankenhäuser

Bundesstaat
Ein Bundesstaat ist ein Zusammenschluss mehrerer Einzelstaaten. In Deutschland bilden 16 Bundesländer die Bundesrepublik. Grundlage des Zusammenschlusses zur Bundesrepublik Deutschland ist der Artikel 20 des Grundgesetzes. Hier ist geregelt, dass Deutschland ein demokratischer, sozialer und föderaler Staat ist. Die Regierung der Bundesrepublik Deutschland und die „Regierungen" der einzelnen Bundesländer haben dabei bestimmte, aufeinander abgestimmte Rechte und Pflichten.

Föderalismus
Die Aufteilung der Rechte und Pflichten zwischen Bundesregierung und den Landesregierungen nennt man Föderalismus. Es besteht eine „vertikale" Gewaltenteilung. Bei Zuständigkeit des Bundes gelten Festlegungen grundsätzlich im gesamten Bundesgebiet. „Bundesrecht bricht Landesrecht".
Sind die Landesregierungen für bestimmte Aufgabenstellungen zuständig, gelten Festlegungen der Landesregierung nur im jeweiligen Bundesland. Bundesregierung und Landesregierungen sind dabei an die Verfassung, Recht und Gesetz gebunden.

Demokratie
Die Bundesrepublik Deutschland ist ein demokratischer Staat, weil die Staatsgewalt vom Volke ausgeht. Das Volk ist der „Souverän". Das Volk übt die Staatsgewalt allerdings nicht direkt aus, sondern über gewählte Abgeordnete (Parlamentarische Demokratie).

Horizontale Gewaltenteilung
Unter horizontaler Gewaltenteilung versteht man die Aufteilung der Macht in Exekutive, Legislative und Judikative. Die Exekutive(ausführende Gewalt) in der Bundesrepublik

Deutschland sind die Bundesregierung, die Landesregierungen sowie die Verwaltungen der Kreise und Gemeinden.
Die Legislative (gesetzgebende Gewalt) sind der Bundestag, die Landtage, Kreistage und Kommunalparlamente, in Bayern zusätzlich die Bezirkstage. Die Judikative sind Gerichte. Oberstes Gericht ist das Bundesverfassungsgericht. Gesetzliche Regelungen der Exekutive werden nur mit Zustimmung der zuständigen Legislative wirksam und können durch die Judikative überprüft werden.

SGB-Systematik
Das Sozialgesetzbuch (SGB) umfasst alle Regelungen des Staates zum Sozialrecht. Es ist in 12 „Sozialgesetzbücher" unterteilt. Beispielhaft sind nachfolgend einige davon aufgeführt:
-SGB II, Grundsicherung für Arbeitssuchende
-SGB V, Gesetzliche Krankenversicherung
-SGB VI, Gesetzliche Rentenversicherung
-SGB VII, Gesetzliche Unfallversicherung
-SGB XI, Soziale Pflegeversicherung
-SGB XII, Sozialhilfe

1.2 Wirtschaftsordnungen im Kontext des Gesundheits- und Sozialwesens

Marktwirtschaft

Die Marktwirtschaft ist ein am Markt orientiertes Wirtschaftssystem, das von „Angebot und Nachfrage" sowie Privateigentum, Wettbewerb und freier Preisbildung geprägt ist. Wir unterscheiden freie und soziale Marktwirtschaft.

Freie Marktwirtschaft

In einer freien Marktwirtschaft bestimmt ausschließlich der sogenannte Markt, was und in welcher Menge hergestellt und verbraucht wird und zu welchem Preis es verkauft/gekauft wird. Die reine Form der freien Marktwirtschaft existiert eigentlich nicht, da alle Marktwirtschaften einer mehr oder weniger starken staatlichen Regulierung unterliegen.

Soziale Marktwirtschaft

Die Soziale Marktwirtschaft ist die in Deutschland praktizierte Wirtschaftsordnung. Dies ist eine Verbindung zwischen freier Marktwirtschaft und den Anforderungen eines Sozialstaats. Die Elemente der Marktwirtschaft, wie Privateigentum, Autonomie und Gewinnorientierung sowie andererseits soziale Ideen sind hier miteinander verknüpft. Das Ziel der sozialen Marktwirtschaft ist der Wohlstand der Gesellschaft mit einer sozialen Absicherung der Menschen. Der Staat sichert den sozialen Charakter der Marktwirtschaft, indem er ein System sozialer Sicherungen (Sozialversicherungen) installiert, einen möglichst fairen Wettbewerb gewährleistet, Monopole und Kartelle verhindert sowie notwendige konjunktur- und arbeitsmarktpolitische Maßnahmen veranlasst.

Planwirtschaft
Die Planwirtschaft geht davon aus, dass der Staat – und nicht der Markt –besser beurteilen könne, welche Dinge von den Menschen benötigt werden. Die Planwirtschaft wurde nach dem 2. Weltkrieg in den sozialistischen Ländern Europas praktiziert und hat sich nicht bewährt.

Vorteile der Marktwirtschaft
-Privateigentum
-wirtschaftliche Freiheit
-Flexibilität
-Wirtschaftlichkeit, Produktivität
-technischer Fortschritt
-Bezahlung nach Leistung
-Wohlstand

Nachteile der Marktwirtschaft
-Gefahr sozialer Ungerechtigkeit
-Ballung wirtschaftlicher Macht
-Unternehmenskonzentrationen, Kartelle
-hohe Einkommensunterschiede
-Löhne und Gehälter werden durch Angebot und Nachfrage bestimmt
-unlauteres Konkurrenzdenken (Konkurrenzkampf)
-egoistisches Verhalten.

1.3 Gesundheits- und Sozialwesen in der Volkswirtschaft

Sozialwesen

Eine Säule der sozialen Marktwirtschaft ist das Sozialwesen. In Deutschland hat jeder Mensch Anspruch darauf, dass sich der Staat in Notfällen um ihn kümmert. Verwaltet und gesteuert wird das Sozialwesen über die Ministerien für Soziales in Bund und in den Ländern sowie über die örtlichen Sozialämter. Organisationsaufgaben des Sozialwesens sind die Fürsorge und die Vorsorge.

Zu den Fürsorgeaufgaben gehören u.a. die Sozial-und Altenhilfe, zu den Vorsorgeaufgaben u.a. die Sozialversicherungen und die Beamtenvorsorge. Das Sozialwesen gliedert sich in die Verwaltung der Sozial-und Gesundheitsämter, die Träger von Krankenhäusern und Alteneinrichtungen sowie die Krankenkassen.

Ziel der Sozialpolitik ist die Angleichung der Lebensbedingungen der Menschen. Dabei geht es insbesondere darum, die wirtschaftliche und soziale Lage Benachteiligter zu verbessern und diese in die Gesellschaft zu integrieren.

Gesundheitswesen

Eine weitere Säule der sozialen Marktwirtschaft ist das Gesundheitswesen. Es beinhaltet alle Prozesse der Versorgung von Kranken und der Gesunderhaltung. In Deutschland und weiteren europäischen Staaten (Frankreich, Belgien, Niederland, Luxemburg) wird ein Versicherungsmodell (die gesetzliche Krankenversicherung) zur Finanzierung genutzt. Andere europäische Länder praktizieren dagegen eine Finanzierung des Gesundheitswesens aus Steuermitteln.

Das deutsche Gesundheitswesen wird durch Staat und Politik über die gesetzlichen Regelungen bestimmt. Außerdem spielen Verbände und Körperschaften, wie der Verband der Krankenkassen, die Kassenärztlichen Vereinigungen und die Krankenhausgesellschaften, sowie Institutionen und Interessenvertretungen, wie die Kammern der freien Berufe und der Medizinische Dienst der Krankenkassen eine wichtige Rolle.
Die beiden großen Trägergruppen von Einrichtungen im Gesundheits- und Sozialwesen sind öffentliche und „freie" Träger. Öffentliche Träger sind Bund, Länder, Städte und Gemeinden. Freie Träger sind Verbände der freien Wohlfahrtspflege, wie z.B. Caritas und Diakonie. Zu den „freien" Trägern gehören auch die privaten Träger.

Bereiche der sozialen Sicherung
- Gesetzliche Rentenversicherung
- Gesetzliche Krankenversicherung
- Gesetzliche Unfallversicherung
- Soziale Pflegeversicherung
- Arbeitslosenversicherung
- Gesetzliche Unfallversicherung
- Sozialhilfe
- Kindergeld
- Wohngeld

1.4 Prozess- und ordnungspolitische Entscheidungen

Bundestag

Der Bundestag ist das „höchste“ Parlament in Deutschland. Alle grundlegenden Sozialgesetze sind Bundesgesetze und werden vom Bundestag beschlossen. In den aktuellen Bundestag sind 631 Abgeordnete gewählt, diese entscheiden mehrheitlich über die Gesetze. Der Bundestag hat auch die Funktion, die Arbeit der Regierung und den Einsatz der Bundeswehr zu kontrollieren.

Bundesrat

Der Bundesrat ist das „Parlament“ der Regierungen der Bundesländer. Jedes Bundesland hat Anspruch auf mindestens drei „Stimmen“ im Bundesrat, Bundesländer mit mehr als sieben Millionen Einwohnern (wie Bayern) maximal sechs Stimmen. Derzeit hat der Bundesrat insgesamt 61 Stimmen.
Der Bundesrat hat eine wichtige Funktion bei der Gesetzgebung. Kein Bundesgesetz kann ohne vorherige Diskussion im Bundesrat in Kraft treten. Viele dieser Gesetze bedürfen ausdrücklich der mehrheitlichen Zustimmung des Bundesrates.

Kompetenzverteilung bei grundlegenden Entscheidungen im Gesundheitswesen

Wesentlicher Eckpfeiler der sozialen Marktwirtschaft ist ein einheitliches und effektives Gesundheitswesen. Deshalb liegt die Gesamtverantwortung für das Gesundheitswesen und die gesetzliche Krankenversicherung beim Bund. Exekutive und Legislative werden durch das Bundesministerium für Gesundheit, den Bundestag und den Bundesrat präsentiert. Aber auch die Bundesländer sind in die Entscheidungsfindung im Gesundheitswesen einbezogen.

Der Bund regelt grundsätzliche Angelegenheiten des Gesundheitswesens, wie z.B. die gesetzliche Krankenversicherung (Leistungsumfang, einheitliche Regelungen und gleiche Bedingungen der Leistungserbringung sowie deren Finanzierung).
Die Länder planen und finanzieren Investitionen im Gesundheitswesen, wie in Krankenhäusern und Pflegeeinrichtungen, und überwachen die Selbstverwaltung der Krankenkassen und Kassenärztlichen Vereinigungen.

Versorgungsgrundsatz des Gesetzgebers: „ambulant vor stationär"

Eine Krankenhausbehandlung darf nur vorgenommen werden, wenn diese Leistung nicht teilstationär, vor-und nachstationär oder ambulant erbracht werden kann.
Ebenso hat der medizinische Dienst der Krankassen regelmäßig zu prüfen, ob eine vollstationäre Pflege in einer Alteneinrichtung notwendig ist.
Ambulante Leistungen haben also immer Vorrang vor einer stationären Versorgung.

1.5 Steuerung des Gesundheits- und Sozialwesens

Ziele der nationalen Gesundheitspolitik
-Versorgung unabhängig von Einkommen und Vermögen
-Förderung der Vorsorge
-Sicherung der Würde und der Selbstbestimmung der Menschen
-Effektivität und Wirtschaftlichkeit
-Patientenzufriedenheit
-gute Arbeitsbedingungen

Primär-, Sekundär- und Tertiärprävention
Neben notwendigen staatlichen Regelungen zur sozialen Sicherung gilt es, auch die Selbstverantwortung der Menschen zur Förderung ihrer Gesundheit zu entwickeln. Mit einer wirksamen Prävention können Krankheiten im Alter vermieden, die Lebensqualität erhöht und unnötige finanzielle Belastungen des Gesundheitswesens und damit auch der Volkswirtschaft vermieden werden.
- Primärprävention (Krankheitsverhütung durch Maßnahmen der Gesundheitsförderung)
- Sekundärprävention (Krankheitsfrüherkennung, z.B. durch Vorsorgeuntersuchungen)
- Tertiärprävention (Vermeidung einer Krankheitsverschlechterung, z.B. durch Nachsorgeuntersuchungen)

Umlageverfahren
Ein wesentliches Problem der aktuellen Sozialpolitik ist die Sicherung des Umlageverfahrens als Grundlage der Finanzierung der Sozialversicherungen. Dabei werden die Zahlungen der derzeitigen Beitragszahler für die derzeit Leistungsberechtigten verwendet. Dieses Prinzip wird besonders deutlich bei der gesetzlichen Rentenversicherung. Hier gilt der sogenann-

te Generationenvertrag, d.h., die heutigen Beitragszahler finanzieren die heutigen Rentner.
Das Umlageverfahren ist durch folgend Faktoren gefährdet:
- steigende Lebenserwartung
- niedrige Geburtenzahlen
- wirtschaftliche Krisen
- Arbeitslosigkeit
- steigende Ansprüche an das Gesundheits- und Sozialwesen

Um diesen Faktoren zu begegnen, sind folgende Maßnahmen notwendig:
- Erhöhung der Beiträge
- höhere Steuerzuschüsse zu den Sozialversicherungen
- Zuzug und Integration von arbeitsfähigen Ausländern
- Förderung der Familien mit Kindern
- höhere Eigenleistungen
- niedrigere Leistungen der Sozialversicherungen

2. Gesundheits- und Sozialpolitik im nationalen und europäischen Kontext

2.1 Sozialstaatsprinzip

2014 Herbst Aufg.1: Steuerfinanzierte Leistungen
Arbeitslosengeld II (SGB II)
Materielle Grundsicherung von erwerbsfähigen Personen, die kein ausreichendes Einkommen haben. Diese Leistungen - umgangssprachlich auch Hartz IV genannt -werden von den zuständigen Kommunen aus Steuermitteln finanziert.

Sozialhilfe (SGB XII)
Materielle Grundsicherung von nicht erwerbsfähigen Personen, die kein ausreichendes Einkommen haben. Formen der Sozialhilfe sind beispielsweise:
-Hilfe zum Lebensunterhalt
-Hilfe zur Gesundheit
-Hilfe zur Pflege
-Hilfe in bestimmten Lebenslagen

Wohngeld
Zuschuss zur Miete und auch Lastenzuschuss bei Eigenheim- und Eigentumswohnungsbesitzern.
Leistung und Höhe sind von drei Faktoren abhängig:
-Zahl der zum Haushalt gehörenden Personen
-Höhe des Familieneinkommens
-Höhe der Miete bzw. der monatlichen Belastungen

Regelbedarf
Der Regelbedarf ist der finanzielle Umfang für die Grundsicherung des Lebensunterhaltes (Aufwendungen für Lebensmittel, Kleidung, Strom und Sonstiges) und wird in sechs „Stu-

fen" unterteilt. Ein alleinstehender Erwachsener mit eigener Wohnung „fällt" beispielweise in die Stufe 1 und ein Kind bis zu sechs Jahren in die Stufe 6. - Der Regelbedarf wird jährlich überprüft und verändert.

Sozialgeld

Sozialgeld erhalten hilfebedürftige Personen, die nicht erwerbsfähig sind und mit Personen zusammen leben, die ALG II erhalten.

2015 Herbst, Aufg.2 - Leistungen der Pflegeversicherung
2016 Früh, Aufg.5 – Kranken-

Pflegeversicherung

Zur Absicherung des Risikos einer Pflegebedürftigkeit gibt es in Deutschland die Pflegeversicherung. Wir unterscheiden die gesetzliche und die private Pflegeversicherung sowie die Pflegezusatzversicherung. Die gesetzliche Pflegeversicherung ist eine Pflichtversicherung. Die gesetzlichen Pflegeversicherungen sind bei allen gesetzlichen Krankenkassen eingerichtet und versichern die bei ihnen (kranken-) pflichtversicherten Personen zusätzlich gegen Pflegebedürftigkeit. Bei Eintritt der Pflegebedürftigkeit erhalten die Versicherten Geld- und Sachleistungen, um die notwendigen Pflegeleistungen zu finanzieren. Die Versicherungsleistungen sind nicht (in jedem Fall) kostendeckend. Auch privat krankenversicherte Personen müssen eine Pflegeversicherung abschließen.

Leistungen der Pflegeversicherung für Versicherte mit erheblich eingeschränkter Alltagskompetenz

- Pflegesachleistungen (§ 36 SGB XI)
- Pflegegeld (§ 37 SGB XI)
- Kombinationsleistungen aus Pflegegeld und Pflegesachleistungen (§ 38 SGB XI)
- häusliche Pflege (§ 39 SGB XI)

- Versorgung mit Pflegehilfsmitteln (§ 40 SGB XI)
- Tages- und Nachtpflege (§ 41 SGB XI)
- Kurzeitpflege (§ 42 SGB XI)
- vollstationäre Pflege (§ 43 SGB XI)
- zusätzliche Betreuungsleistungen (§ 45 SGB XI)

Leistungen der Pflegekassen
- Zahlung von Sach- und Geldleistungen im Versicherungsfall
- Präventionsmaßnahmen, um den Eintritt des Versicherungsfalls zu vermeiden
- Information der versicherten Personen
- Schulungen für Pflegepersonen (insbesondere bei häuslicher Pflege)
- Kontrolle der Wirtschaftlichkeit der Versicherungsleistungen
- Verwalten der Versicherungsbeiträge

Gesetzliche Krankenkassen

Die gesetzlichen Krankenkassen sind wesentlicher Bestandteil des Gesundheits- und Sozialsystem der sozialen Marktwirtschaft. Aufgabe der gesetzlichen Krankenkassen ist es, die Gesundheit der versicherten Menschen zu erhalten und wiederherzustellen. Dabei haben alle Menschen Anspruch auf gleiche Leistungen. Diese Leistungen sollen „ ausreichend, zweckmäßig und wirtschaftlich" sein.
- Allgemeine Ortskrankenkassen (AOK)
- Betriebskrankenkassen
- Landwirtschaftliche Krankenkassen
- Innungskrankenkassen
- Knappschaft
- Ersatzkassen

Ende des 19. Jh. wurden die Sozialversicherungen und damit die Krankenkassen eingeführt. Die Krankenkassen, die von Beginn an dabei waren, bezeichnet man als Primärkassen. Neben den Primärkassen gab es zunächst sogenannte Hilfskassen. Diese wurden im Laufe der Zeit in Ersatzkassen umbenannt; dazu gehören z.B. BEK, DAK, TK.

Beitragsbemessungs- und Versicherungspflichtgrenze in der Krankenversicherung
Der Beitrag zur Krankenversicherung wird bis zur Höhe eines bestimmten Einkommens, der sogenannten Beitragsbemessungsgrenze, berechnet. Für einen Wechsel in die Privatversicherung ist es notwendig, die Versicherungspflichtgrenze zu überschreiten. Diese liegt etwa 5.000 € höher als die Beitragsbemessungsgrenze.

2.2 Zuständigkeiten von Bund, Ländern, Kommunen

2012 Herbst Aufg.1 - Krankenhauspläne der Bundesländer
Krankenhausfinanzierungsgesetz (KHG)
Bundesweit gültige gesetzliche Grundlage der Finanzierung der Krankenhäuser auf der Basis der dualen Finanzierung. Die „laufenden“ Aufwendungen (Behandlungskosten) werden von den Krankenkassen und die Investitionen vom Staat (Bundesländer) finanziert. Das KHG ist auch die gesetzliche Grundlage für die Krankenhausplanung der Bundesländer.

Krankenhausplan
Die Sicherung der stationären Versorgung der Patienten ist Angelegenheit der einzelnen Bundesländer. Die Länder entscheiden darüber, welche Krankenhäuser mit welchen Fachrichtungen und wie viel Krankenhausbetten stationäre Patienten versorgen dürfen. -Ziel der Krankenhausplanung ist es, in allen Regionen der Bundesländer eine ausreichende, wirtschaftliche und zweckmäßige Versorgung der Menschen sicher zu stellen. Dazu wird zunächst der Versorgungsbedarf

(Bettenbedarf gesamt und nach Fachrichtungen) im Bundesland/Region festgestellt. Nach Abstimmung dieses Versorgungsbedarfes mit dem vorhandenen Angebot wird dann entschieden, welche Krankenhäuser in den Krankenhausplan aufgenommen werden.-Diese „Plankrankenhäuser" haben dann Anspruch gegenüber dem Staat auf Finanzierung der Investitionen und gegenüber den Krankenkassen auf Erstattung der Behandlungskosten.

Bettenbedarf der Länder und Regionen
Der Bettenbedarf wird auf der Grundlage der Hill-Burton-Formel und den statistischen Daten der Bundesländer ermittelt.

Hill-Burton-Formel
Bettenbedarf = (Einwohnerzahl x Krankenhaushäufigkeit x Verweildauer) / Auslastungsgrad der Betten x 365 Tage x 1.000

Krankenhaushäufigkeit
Quotient aus der Zahl der stationären Fälle und der Einwohnerzahl

Verweildauer
Anzahl der Behandlungstage

Auslastungsgrad der Betten
Quotient aus Anzahl der Behandlungstage und der Anzahl der Planbetten (sowie der Anzahl der Tage, in unserem Beispiel 365)

2016 Früh Aufg.6 – unklare Kostenübernahme für Krankenhausbehandlung

Kostenübernahme für Patienten ohne Wohnsitz und ohne Erwerbstätigkeit
Kliniken müssen bei Patienten ohne Wohnsitz und ohne Erwerbsfähigkeit oft aufwendige Verfahren zur Kostenerstat-

tung der Krankenhausbehandlung durchlaufen oder sie bleiben auf ihren Kosten sitzen. Grundsätzlich gilt, dass alle Patienten ohne Wohnsitz und ohne Erwerbsfähigkeit, die erwerbsfähig sind, Anspruch auf Arbeitslosengeld II haben. In diesem Fall sind sie über eine gesetzliche Krankenkasse versichert. Sind diese Patienten nicht erwerbsfähig, übernimmt die Sozialhilfe die Kosten der Krankenhausbehandlung.

Kostenübernahme für ausländische Patienten
Patienten aus Mitgliedstaaten der EU sind i.d.R. in ihrem Herkunftsland versichert. Kostenträger ist in diesem Fall die ausländische Krankenkasse.
Patienten aus Nicht – EU – Staaten sind i.d.R. über eine inländische Person versichert, da diese bei Erteilung eines Visums eine Verpflichtungserklärung zum Lebensunterhalt und zur Krankenversorgung abgeben muss.
Allerdings empfiehlt es sich, bei ausländischen Patienten zu Beginn des stationären Aufenthaltes eine Abschlagzahlung und am Entlassungstag die Begleichung der Krankenhausrechnung zu fordern.

Sozialhilfe für ausländische Patienten – SGB XII, § 23 Abs.1
„Ausländern, die sich im Inland tatsächlich aufhalten, ist Hilfe zum Lebensunterhalt, Hilfe bei Krankheit, Hilfe bei Schwangerschaft und Mutterschaft sowie Hilfe zur Pflege nach diesem Buch zu leisten. Die Vorschriften des Vierten Kapitels bleiben unberührt. Im Übrigen kann Sozialhilfe geleistet werden, soweit dies im Einzelfall gerechtfertigt ist. Die Einschränkungen nach Satz 1 gelten nicht für Ausländer, die im Besitz einer Niederlassungserlaubnis oder eines befristeten Aufenthaltstitels sind und sich voraussichtlich dauerhaft im Bundesgebiet aufhalten."

Subsidiaritätsprinzip
Dieses Prinzip besagt, dass jeder Einzelne zunächst für sich selbst verantwortlich ist. Nur dort, wo die Möglichkeiten des Einzelnen oder der Familie nicht ausreichen, die Aufgaben der Daseinsvorsorge zu lösen, soll der Staat eingreifen.
Solidaritätsprinzip
Die Leistungen aus den Sozialversicherungen sind für alle Versicherten gleich und unabhängig vom eigenen Beitrag zu diesen Versicherungen. Familienangehörige sind beitragsfrei mitversichert. Der Beitrag des Einzelnen entspricht der wirtschaftlichen Leistungsfähigkeit und ist einkommens-abhängig, das bedeutet, wer mehr verdient, zahlt mehr. Anders als in der privaten Krankenversicherung ist dabei das persönliche Krankheits- oder Pflegerisiko, wie Alter, Geschlecht und Gesundheitszustand, unerheblich.

2.3 Gesundheits- und Sozialpolitik der EU

Europäische Sozialcharta

Die Europäische Sozialcharta ist ein Abkommen Europäischer Länder, die im Europarat vertreten sind, in dem 31 soziale Rechte und Grundsätze verbindlich geregelt sind.
Zu diesen 31 Rechten gehören u.a.:
-Recht auf Arbeit
-Recht auf soziale Sicherheit
-Recht auf eine Wohnung
-Recht auf Kündigungsschutz
-Recht auf den Schutz der Familie
-Recht auf Schutz alter Menschen.
Die ESC stellt allerdings nur die Grundprinzipien dar, die konkrete Ausgestaltung bleibt Angelegenheit der Mitgliedsländer.

2.4 Europäischer Binnenmarkt

Vier Freiheiten des Europäischen Binnenmarktes

Generell ist Ziel des Binnenmarktes die Freiheit der Personen, des Warenverkehrs, Dienstleistungsverkehrs und Kapitalverkehrs. Zu den Freiheiten der Personen gehört v.a. die Niederlassungsfreiheit. Grundlage für die Möglichkeit, Pflegekräfte aus benachbarten europäischen Ländern zu beschäftigen, ist diese zu den „vier Freiheiten" des europäischen Binnenmarktes gehörende Freiheit der Menschen, sich in jedem der beteiligten Länder niederzulassen und zu arbeiten.

Im Pflegedienst spielen die Arbeitnehmer aus den Staaten eine Rolle, die im Rahmen der „Ost-Erweiterung" zum Binnenmarkt hinzugekommen sind. Für diese Gruppe gibt es grundsätzlich seit dem 1. Mai 2011 keine Einschränkungen bei der Arbeitsaufnahme. Durch das Arbeitnehmer-Entsendegesetz wurden Mindestlöhne auch für solche ausländischen Pflegekräfte eingeführt, die von einem Pflegedienst aus ihrem Heimatland bezahlt und entsendet werden. Ohne einen in Deutschland anerkannten Abschluss als Pflegefachkraft dürfen sie jedoch nur Aufgaben der Grundpflege erledigen.

Herstellung und Zulassung von Arzneimitteln

Voraussetzung für die Verwirklichung eines europäischen Binnenmarktes sind identische Bedingungen für den Markteintritt in allen beteiligten Ländern.

Arzneimittel bedürfen in Deutschland nach dem Arzneimittelgesetz der Zulassung. Die Zuständigkeit für die Herstellung ist in jedem Bundesland getrennt geregelt. Die Zulassung für den Verkauf erfolgt durch ein Bundesinstitut als nationale Zulassungsbehörde. Auch für Arzneimittel von Herstellern aus anderen Mitgliedsländern des Binnenmarktes muss bei diesem Bundesinstitut die Zulassung beantragt werden. Es ist jedoch vereinbart, dass die bereits in einem anderen EU-Mitgliedsstaat erteilte Zulassung grundsätzlich anzuerkennen ist. Insofern besteht zwar nach wie vor die Voraussetzung einer nationalen Genehmigung, das Verfahren ist jedoch inhaltlich vereinfacht.

2.5 Internationale Organisationen

Weltgesundheitsorganisation (WHO)
Die WHO ist eine Einrichtung der Vereinten Nationen, in der über 190 Länder zusammenarbeiten, um weltweit allen Menschen ein sozial sicheres Leben ermöglichen zu können. Gesundheit ist dafür die Grundvoraussetzung.

Kriterien der WHO
Die Weltgesundheitsorganisation (WHO) hat verschiedene Kriterien als Maßstab der Bewertung der Qualität der nationalen und europäischen Gesundheitspolitik festgelegt:
- Gesundheitsniveau der Bevölkerung
- Kundenorientierung
- Selbstbestimmung und Würde der Patienten
- Datenschutz
- Verteilung der finanziellen Lasten

3. Rechtliche und institutionelle Rahmenbedingungen

3.1 Voraussetzung für die Gründung von Einrichtungen

2013 Früh Aufg.1 - Mögliche Rechtsformen eines medizinischen Versorgungszentrums
2014 Früh Aufg.8 - Mögliche Rechtsform einer „Forschungsambulanz"

GmbH

Träger von Einrichtungen im Gesundheitswesen bevorzugen für ihre Krankenhäuser immer häufiger die Rechtsform der Gesellschaft mit beschränkter Haftung (GmbH), um die Häuser wirtschaftlich zu führen. Die Gesellschafter sind in der Regel die (ehemaligen) Eigentümer. Diese vereinbaren einen Gesellschaftsvertrag, der folgende Regelungen enthalten muss:

-Kennzeichnung des Krankenhauses als GmbH (im Firmennamen);
-Sitz der Gesellschaft;
-Gegenstand bzw. Zweck der Krankenhaus GmbH;
-Stammkapital der GmbH (mindestens 25.000 €);
-Einlage der Gesellschafter.

GbR

Die Gesellschaft bürgerlichen Rechts ist eher selten in der deutschen Krankenhauslandschaft vertreten. Sie ist dadurch gekennzeichnet, dass sie im Gegensatz zur GmbH-Rechtsform zwei Gesellschafter erfordert, die gemeinsam einen Gesellschaftervertrag vereinbaren. Wenn nichts anderes vereinbart wurde, gelten in dieser Rechtsform die gesetzlichen Haftungsregeln. Das bedeutet, dass die Gesellschafter sowohl mit dem Gesellschaftsvermögen als auch gemeinsam mit dem Privatvermögen haften.

AG

Die großen privaten Krankenhausbetreiber organisieren sich i.d.R. immer als Aktiengesellschaft, um den hohen Kapitalbedarf zu finanzieren. Bei den Aktiengesellschaften ist die Haftung gegenüber den Gläubigern grundsätzlich auf das Gesellschaftsvermögen (mindestens 50.000 €) begrenzt. Allerdings gilt auch hier die Regelung, dass für medizinische Leistungen die Haftungsbegrenzung ausgeschlossen ist, so dass die Verursacher in voller Schadenshöhe haften (Haftung aus Delikt).

Verein

-sieben Gründungsmitglieder notwendig
-Zusammenschluss von natürlichen oder juristischen Personen
-Eintragung im Vereinsregister
-Mitglieder haften grundsätzlich nicht persönlich

Gesellschafter einer Krankenhaus-GmbH

Gesellschafter sind Personen oder Organisationen, die das Kapital einer GmbH finanzieren. Die Gesellschafter legen die Grundsätze der Betriebsführung fest.

Aufsichtsrat einer Krankenhaus-GmbH

In GmbH's mit über 500 Beschäftigten ist ein Aufsichtsrat zu bilden. Die Aufgabe des Aufsichtsrates besteht darin, die Geschäftsführung zu kontrollieren und zu überwachen.

3.2 Regelungen für den Betrieb von Einrichtungen und deren Leistungsbereichen

2012 Herbst Aufg.2
Öffentlich-rechtliche Organisationen des Gesundheitswesens
Gemeinsamer Bundesausschuss
Der gemeinsame Bundesausschuss entscheidet auf der Grundlage der Regelungen des SBG V über die Leistungen für gesetzlich versicherte Personen. Sie sollen ausreichend, zweckmäßig und wirtschaftlich sein. Der Bundesausschuss erlässt Richtlinien für stationäre, teilstationäre, ambulante und zahnärztliche Leistungen, die von den gesetzlichen Krankenkassen zu finanzieren sind.-Zusammensetzung:
-Kassenärztliche Bundesvereinigung;
-Deutsche Krankenhausgesellschaft;
-Spitzenverband Bund der Krankenkassen

Kassenärztliche Vereinigungen
Die Kassenärztlichen Vereinigungen sind als Zusammenschlüsse der niedergelassenen Vertragsärzte für die Umsetzung des staatlichen Sicherstellungsauftrages der Versorgung der Bevölkerung mit ambulanten ärztlichen und zahnärztlichen Leistungen im Rahmen der gesetzlichen Krankenversicherung und die Interessenvertretung der Ärzte zuständig.- Die Kassenärztliche Bundesvereinigung vertritt die Interessen der niedergelassenen Ärzte auf Bundesebene, wie z.B. im Gemeinsamen Bundesausschuss.

Krankenhausgesellschaften
Die „Plankrankenhäuser" werden gegenüber den Krankenkassen und Kassenärztlichen Vereinigungen von den Krankenhausgesellschaften der Bundesländer sowie der Deutschen Krankenhausgesellschaft vertreten. Darüber hinaus wirken die Krankenhausgesellschaften bei der Entwicklung der DRG-

und Zusatzentgelte, Entgelten für neue Untersuchungs- und Behandlungsmethoden und größeren Investitionsentscheidungen im Interesse der Krankenhäuser mit.

Ärztekammern
Die Ärztekammern nehmen als Körperschaften des öffentlichen Rechtes die Interessen aller Ärzte wahr. Jeder approbierte Arzt ist zur Mitgliedschaft in der Ärztekammer verpflichtet. Die Bundesärztekammer ist eine Arbeitsgemeinschaft der Länderärztekammern.

Institut für Entgeltsysteme im Krankenhaus (inEK)
Partner der Krankenkassen und Krankenhausgesellschaften bei der Entwicklung des DRG-Kataloges und der Zertifizierung der Grouper-Software zur Bestimmung der DRG-Entgelte.

Institut für Qualität und Wirtschaftlichkeit im Gesundheitswesen
Partner der Krankenkassen, der Krankenhausgesellschaften und der Kassenärztlichen Vereinigungen bei der Entwicklung der Behandlungsleitlinien und der Nutzenbewertung von Arzneimitteln.

2013 Früh Aufg.1
Haftung der Gesellschafter in verschiedenen Rechtsformen eines medizinischen Versorgungszentrums
GmbH(siehe auch Pkt. 3.1)
Eine GmbH haftet grundsätzlich nur mit ihren Gesellschaftsvermögen. Allerdings hat der Gesetzgeber für medizinische Leistungen die Haftungsbegrenzung ausgeschlossen, so dass die Verursacher in voller Schadenshöhe haften (Haftung aus Delikt). Die Gesellschafter haften grundsätzlich nicht mit ihrem Privatvermögen. Ein Gesellschafter haftet persönlich nur,

wenn er in rechtswidriger Weise zur Vernichtung des Gesellschaftsvermögens beigetragen hat.

GbR (siehe auch Pkt. 3.1)
Wenn nichts anderes vereinbart wurde, gelten in dieser Rechtsform die gesetzlichen Haftungsregeln. Das bedeutet, dass die Gesellschafter sowohl mit dem Gesellschaftsvermögen, als auch gemeinsam mit dem Privatvermögen haften.

AG (siehe auch Pkt. 3.1)
Bei den Aktiengesellschaften ist die Haftung gegenüber den Gläubigern grundsätzlich auf das Gesellschaftsvermögen (mindestens 50.000 €) begrenzt.-Allerdings gilt auch hier die Regelung, dass für medizinische Leistungen die Haftungsbegrenzung ausgeschlossen, so dass die Verursacher in voller Schadenshöhe haften (Haftung aus Delikt).

2013 Früh Aufg. 2
Einwilligungsfähigkeit der Patienten im Krankenhaus
Einwilligungsfähigkeit
Im § 228 StGB ist die sogenannte „Einwilligung“ in eine Körperverletzung geregelt, die auch in der stationären und ambulanten Heilbehandlung (z.B. bei einer notwendigen Operation) von Bedeutung ist:
„Wer eine Körperverletzung mit Einwilligung der verletzten Person vornimmt, handelt nur dann rechtswidrig, wenn die Tat trotz der Einwilligung gegen die guten Sitten verstößt“.
Daraus folgt, dass die Einwilligungsfähigkeit nicht mit der „Geschäftsfähigkeit“ gleichzusetzen ist. Entscheidend ist, dass der Einwilligende die Art, Bedeutung und Tragweite seiner Erklärung versteht und die Erklärung nicht „sittenwidrig“ ist. Eine 17-jährige Patientin kann -im Prüfungsbeispiel - also die Einwilligung zu einer ärztlichen Behandlung auch gegen den Willen der Eltern verbindlich erklären.

Geschäftsfähigkeit
Die Geschäftsfähigkeit ist im Bürgerlichen Gesetzbuch geregelt. Grundsätzlich wird die volle Geschäftsfähigkeit mit der Volljährigkeit (Vollendung des 18. Lebensjahres) erreicht.
Kinder sind bis zur Vollendung des 7. Lebensjahres geschäftsunfähig. Kinder und Jugendliche vom vollendeten 7. Lebensjahr an bis zur Volljährigkeit sind dagegen beschränkt geschäftsfähig, d.h., Geschäfte bedürfen der (nachträglichen) Zustimmung der Eltern oder des gesetzlichen Vertreters.

2013 Früh, Aufg.3 - Ärztliche Schweigepflicht im Rahmen der gesetzlichen Unfallversicherung
Gesetzliche Unfallversicherung
Pflichtversicherung (SGB VII) für Arbeitnehmer und Personen, die aus sonstigen Gründen versicherungspflichtig sind, zur sozialen Sicherung bei Arbeits- und Wegeunfällen und Berufskrankheiten sowie zur Verhütung von Gesundheitsgefahren.
Der Beitrag ist vom Arbeitgeber allein zu entrichten.
Die Höhe der Beiträge richtet sich nach dem Finanzbedarf, den Arbeitsentgelten der Versicherten und der Gefahrenklasse des Betriebes.

Datenübermittlung im Bereich der Gesetzlichen Unfallversicherung
Die Übermittlung der Daten über die Behandlung und den Zustand des Versicherten an die Gesetzliche Unfallversicherung ist in §§ 201 und 203 SGB VII geregelt. Danach sind die D-Ärzte verpflichtet, alle Daten zu übermitteln, die notwendig sind, damit die Unfallversicherungen die Leistungsvoraussetzungen und die Abrechnungen prüfen können.

Ärztliche Schweigepflicht bei Heilbehandlung von Unfällen
Hier ist die ärztliche Schweigepflicht eingeschränkt. Die Ärzte sind aber verpflichtet, den Patienten hierüber zu informieren.

D-Arzt (Durchgangsarzt)
Ein D-Arzt ist ein Facharzt der Unfallchirurgie mit gesonderter Zulassung durch die Berufsgenossenschaften (Gesetzliche Unfallversicherung), der die Behandlung nach Arbeits- und Wegeunfällen durchführt. Bei Behandlung und Abrechnung eines Arbeits- oder Wegeunfalls mit Übernahme der Kosten durch die Gesetzliche Unfallversicherung wird vom „D-Arzt-Verfahren" gesprochen.

2014 Früh, Aufg.5: Verletzung der Ärztlichen Aufklärungspflicht – Deliktische Haftung
Ärztliche Aufklärungspflicht
Der Arzt hat die Pflicht, den Patienten umfassend über Erkrankung, Diagnostik, Therapie und Risiken aufzuklären, damit dieser – mit Unterstützung des Arztes – selbst über die Art und Weise der Behandlung entscheiden kann. Die Aufklärung des Patienten kann auch an eine fachkundige Person delegiert werden.

2015 Früh, Aufg.7
Pflegestützpunkte
Im § 92c des SGB XI ist geregelt, dass auf Initiative der Bundesländer Pflege- und Krankenkassen Pflegestützpunkte zur wohnortnahen Beratung, Versorgung und Betreuung ihrer Versicherten einrichten.
Pflegebedürftige und ihre Angehörigen erhalten bei Bedarf im Pflegestützpunkt alle wichtigen Informationen und Hilfestellungen zur Auswahl und Anspruchnahme bundes- und landesrechtlich geregelter Sozialleistungen, einschließlich deren Finanzierung. Dazu gehört auch die Koordinierung aller in Betracht kommenden präventiven, medizinischen, rehabilitierenden und pflegerischen Leistungen. - Pflegestützpunkte bieten darüber hinaus Unterstützung bei der Organisation der

Pflege, der Vernetzung der Angebote und im Kontakt zu den Sozialleistungsträgern an.

2015 Früh, Aufg.8: Haftung

Krankenhaus-Behandlungsvertrag

Zivilrechtlicher Vertrag zwischen dem Krankenhaus und dem Patienten über die entgeltliche Durchführung einer Behandlung. Gesetzliche Grundlage ist das BGB § 630a ff.

Bei geschäftsunfähigen Patienten ist der Vertrag mit dem gesetzlichen oder gewillkürten Vertreter des Patienten abzuschließen. Der Behandlungsvertrag ist nicht formbedürftig.

Vertragliche Haftung Krankenhaus

Grundlage für die Haftung eines Krankenhauses ist der mit dem Patienten geschlossene Behandlungsvertrag. Danach schuldet das Krankenhaus sämtliche Krankenhausleistungen einschließlich der ärztlichen Behandlung und hat dabei nicht nur für eigene Versäumnisse und Fehler einzustehen, sondern auch für das Fehlverhalten von Ärzten und Pflegepersonal. In diesen Fällen spricht man von Haftung aus dem Vertrag.

Deliktische Haftung

Bei pflichtwidrigen Handlungen des ärztlichen und pflegerischen Personals (wie schuldhafte Behandlungsfehler, fehlende ärztliche Aufklärung oder eigenmächtige Heilbehandlung) und bei Organisationsverschulden spricht man von einer Haftung aus Delikt oder einer Haftung aus unerlaubter Handlung. In diesen Fällen können Patienten oder auch das Krankenhaus als Arbeitgeber (Vertragspartner) zivilrechtliche Ansprüche gegenüber dem behandelnden Personal geltend machen.

2014 Früh, Aufg.9 - Patientenrechte

Patientenrechtegesetz

Auf der Grundlage der Regelungen des BGB (§ 630) wurde in 2013 das „Patientenrechtegesetz“ mit folgenden Grundsätzen erlassen:

- Aufklärungspflicht der Ärzte gegenüber den Patienten über Art und Folgen jeder Form von Eingriffen
- Dokumentationspflicht aller wesentlichen Maßnahmen und Ergebnisse der Behandlung
- Informationspflicht der Ärzte über mögliche Behandlungsfehler
- Recht der Patienten auf Einsicht in die Patientenakte

Vorrang von ambulanten Leistungen

In den Richtlinien des Bundesausschusses über die VO von Krankenhausleistungen wird in § 1 geregelt, dass die ambulanten Behandlungen Vorrang gegenüber stationären Behandlungen haben. Alle niedergelassenen Ärzte und Krankenhausärzte sind aufgefordert mitzuwirken, dass Krankenhausbehandlungen nur aus medizinischen Gründen vorgenommen und Belegungen der Krankenhäuser mit Patienten, die dieser Behandlung nicht bedürfen, vermieden werden. Niedergelassene Ärzte haben dabei ausdrücklich zu prüfen, ob die Weiterbehandlung nicht auch durch einen anderen Vertragsarzt, einen ermächtigten Krankenhausarzt, eine Notfallpraxis oder die Ambulanzen eines Krankenhauses erfolgen kann.
Der Grund ist : Es sollen unnötige Kosten für die Krankenkassen vermieden werden. Ambulante Therapien sind in der Regel deutlich billiger als stationäre. Ein Beispiel: Eine ambulante Arthroskopie im Krankenhaus kostet etwa 300 €, eine stationäre (Abrechnung über DRG's) etwa 1.500 €. Durch die Vermeidung unnötiger Kosten sollen die Krankenkassen unvermeidbare Kostensteigerungen - z.B. aus der medizinisch-technischen Entwicklung und der demografischen Entwicklung - kompensieren und die Beiträge zur Krankenversicherung stabilisieren. Und stabile Sozialbeiträge haben bekanntlich wesentliche Auswirkungen auf die Sicherung von Arbeitsplätzen und der Sozialsysteme.

Vor- und nachstationäre Behandlung im Krankenhaus
Krankenhausbehandlungen werden stationär, teilstationär, vor- und nachstationär sowie ambulant erbracht. Eine vorstationäre Behandlung im Krankenhaus dient der Klärung, ob eine stationäre Behandlung notwendig ist. Sie erfolgt ohne „Unterkunft und Verpflegung" und wird in der Regel nur dann mit einer Pauschale nach Fachabteilungen finanziert, wenn keine stationäre Aufnahme folgt.
Eine nachstationäre Behandlung kann erfolgen, wenn es notwendig ist, im Anschluss an eine stationäre Krankenhausbehandlung den Behandlungserfolg zu sichern oder zu festigen. Die nachstationäre Behandlung ist ebenfalls ohne Unterkunft und Verpflegung, sollte in der Regel sieben Behandlungstermine nicht überschreiten und wird mit Behandlungssätzen pauschal abgerechnet.

Gesundheitsfonds
Eine der wesentlichen Neuerungen in der Gesundheitspolitik war die Einführung des Gesundheitsfonds im Jahre 2009. Seit dieser Zeit werden die Beiträge und die Steuerzuschüsse zur gesetzlichen Krankenversicherung an diese zentrale Einrichtung gezahlt. Aus dem Gesundheitsfonds erhalten die Krankenkassen die Mittel für die Versorgung ihrer Versicherten und ihre Aufwendungen. Ferner wurde für alle Versicherten ein einheitlicher Beitragsatz festgesetzt.
Verteilungskriterien:
- Anzahl der Mitglieder
- Morbidität (Gesundheitszustand) der Mitglieder
- Altersstruktur der Mitglieder

Zivilrechtliche Haftung eines Chefarztes bei Patienten ohne ärztliche Wahlleistungsvereinbarung
Ein Patient, der keine Wahlleistungsvereinbarung abschließt, geht nur eine vertragliche Beziehung mit dem Krankenhaus

ein. Bei diesen Patienten ist daher keine vertragliche, sondern nur eine deliktische Haftung des Chefarztes möglich. Er haftet in diesen Fällen aber auch nur, wenn er persönlich tatsächlich in die Behandlung des Patienten involviert war und ein persönliches Verschulden im Bereich seiner eigenen Behandlungstätigkeit oder seiner Leitungsaufgaben vorliegt. Begehen dagegen nachgeordnete Ärzte oder Pflegekräfte Fehler, haftet der Chefarzt nicht.

Zivilrechtliche Haftung eines Chefarztes bei stationärer Behandlung von Patienten mit ärztlicher Wahlleistungsvereinbarung

Patienten, die eine ärztliche Wahlleistungsvereinbarung abgeschlossen haben, schließen neben dem eigentlichen Behandlungsvertrag mit dem Krankenhaus einen Zusatzvertrag mit einem oder mehreren Chefärzten ab. Das bedeutet, dass der Chefarzt neben dem Krankenhausträger als weiterer Vertragspartner für den Bereich der ärztlichen Behandlung einschließlich der Behandlungspflege auftritt. Daraus ergibt sich sowohl eine vertragliche als auch eine deliktische Haftung des Chefarztes.

Folge des Behandlungsvertrages mit dem Wahlleistungspatienten ist, dass der Chefarzt nicht nur für eigene Fehler, sondern auch für Fehler seiner ärztlichen Mitarbeiter in Anspruch genommen werden kann. Dabei ist es unerheblich, ob er den Behandlungsvertrag persönlich unterschrieben hat. Entscheidend ist, ob auf Grund der Wahlleistungsvereinbarung eine Behandlung durch den Chefarzt oder dessen ärztlichen Mitarbeitern zustande gekommen ist.

3.3 Regelungen bei der Abwicklung von Einrichtungen und deren Leistungsbereichen

2014 Früh, Aufg.6 - Folgen der Aufgabe des Status der Gemeinnützigkeit

Vorteile der Gemeinnützigkeit:

- Befreiung von der Körperschafts- und Gewerbesteuer (Ausnahme: wirtschaftlicher Geschäftsbetrieb)
- Befreiung von der Grund-, Erbschafts- und Schenkungssteuer
- Besteuerung eines Teils der Umsätze mit dem ermäßigten Steuersatz von 7 %
- Berechtigung zum Empfang von Spenden, die beim Spender steuerlich abziehbar sind
- Zahlungen für bestimmte nebenberufliche Tätigkeiten gelten bis zu einer bestimmten Höhe im Jahr beim Empfänger als steuerfreie Aufwandsentschädigung

Nachteile der Gemeinnützigkeit:

- Begrenzung der Anzahl der Mitglieder ist nicht möglich (jeder, der die Satzung anerkannt hat, muss als Mitglied aufgenommen werden)
- Höhe der Mitgliedsbeiträge, der Aufnahmegebühren und der Umlagen ist begrenzt
- Verwendung der eingenommenen Mittel muss zeitnah erfolgen
- Bildung von Rücklagen ist erschwert
- keine flexible Mittelverwendung möglich
- Gewinne und Verluste aus verschiedenen Bereichen können nicht verrechnet werden

4. Betriebliche Ziele

2014 Früh Aufg. 4 - Ziele privatwirtschaftlicher und kommunaler (staatlicher) Krankenhäuser

Ziele privatwirtschaftlicher Krankenhäuser

Das Unternehmensziel der privaten gewerblichen Krankenhauskonzerne und -betriebe ist es, die Behandlung der stationären Patienten so zu gestalten, dass die Einnahmen hieraus höher sind als die Aufwendungen dafür, dass also Gewinne erzielt werden. Deshalb konzentrieren sich diese Unternehmen am Markt, an wirtschaftlichen Bereichen der Krankenversorgung und an gewinnorientierten Leistungen, wie z.B. die Behandlung von Selbstzahlern (Privatpatienten). Diese privatwirtschaftlichen Unternehmen zeichnen sich ferner durch eine hohe Spezialisierung, schnelle Entscheidungswege und zeitnahe Umsetzung von Innovationen aus. Die Unternehmen sind i.d.R. nicht tarifgebunden oder haben Haustarife und ziehen damit qualifiziertes Personal an.

Ziele kommunaler und gemeinnütziger Krankenhäuser

Vorrangiges Ziel der kommunalen und freigemeinnützigen Krankenhäuser ist dagegen die Erfüllung des gesetzlichen Versorgungsauftrages zur Behandlung der sozialversicherten Patienten. Die Träger dieser Einrichtungen sind i.d.R. gemeinnützig und haben keine Gewinnerzielungsabsicht. Gewinne und Gewinnrücklagen werden umgehend wieder in den betrieblichen Kreislauf zurückgeführt (in der Regel für Investitionen). Kommunale und freigemeinnützige Krankenhäuser haben oft eine komplexe Organisationsstruktur. Notwendige Veränderungen stoßen oft auf den Widerstand der Träger der Einrichtungen und der Mitarbeiter, so dass es immer wieder zu zeitlichen Verzögerungen und Kompromissen kommt. Die Unternehmen haben i.d.R. betriebswirtschaftliche Nachteile, da sie tarifgebunden sind.

Vor- und Nachteile der privaten gewerblichen Krankenhäuser gegenüber kommunalen und freigemeinnützigen Häusern

Vorteile:

- in vielen Fällen bessere medizinische Leistung durch Schwerpunktbildung und rasche Anpassung des Leistungsspektrums;
- bessere Möglichkeit der Spezialisierung der Krankenhausleistungen;
- Orientierung am Bedarf;
- schnelle Entscheidungswege;

Nachteile:

- Gefährdung des Versorgungsauftrages;
- Konzentration auf wirtschaftliche Bereiche der Krankenhäuser;
- hohe Leistungsanforderungen an die Mitarbeiter;
- große Unterschiede in der Lohn- und Gehaltsstruktur.

2014 Herbst Aufg. 4
Ziele einer Krankenhaus-AG, Risiken der Umsetzung der Ziele

Ziele einer Krankenhaus-AG (Beispiele)

-Gewinnsteigerung
-Wachstumsstrategie (Akquisition von Großkliniken)
-Umsatzsteigerung

Risiken bei der Akquisition von Großkliniken (Beispiele)

-hohe Investitionen
-Gefahr unzureichender Liquidität
-Monopolbildung (Kartellrecht)
-Unter-, Über-und Parallelorganisation
-unterschiedliche Organisationsstrukturen
-Verschlechterung des Arbeitsklimas
-Patientenunzufriedenheit

Risiken bei der Umsatzsteigerung (Beispiele)
-Qualitätsminderung
-Imageverlust
-Widerstände der Belegschaft
-Beendigung langjähriger Geschäftsbeziehungen mit Lieferanten

Wirtschaftliche und soziale Ziele von gemeinnützigen Krankenhäusern und Alteneinrichtungen
Wie jedes andere Unternehmen verfolgen auch Krankenhäuser und Alteneinrichtungen Ziele. Konkrete Ziele sind eine Voraussetzung dafür, dass rationale und strategische Entscheidungen getroffen werden.
Wirtschaftliche Ziele dieser Einrichtungen sind z.B.:
-kostendeckende Arbeit
-Sicherung des Unternehmens
-Erhöhung des Marktanteils
Soziale Ziele dieser Einrichtungen sind z.B.:
-bestmögliche Versorgung der anvertrauten Personen
-Verbesserung der Qualität der Dienstleistungen
-Erhöhung der Kundenzufriedenheit
-Aus-und Weiterbildung der Mitarbeiter
-umweltfreundliches Verhalten

5. Betriebliche Zusammenhänge und strategische Handlungsmöglichkeiten

5.1 Zusammenwirken der Funktionsbereiche als Komplexitätsproblem

Zusammenwirken der Funktionsbereiche im Krankenhaus
Zur Sicherung des Behandlungserfolgs und der Patienten-und Mitarbeiterzufriedenheit ist es notwendig, dass Ärzte, Pflegepersonal und Patienten permanent kommunizieren und kooperieren und die notwendigen Arbeitsabläufe abstimmen. Die Zusammenarbeit zwischen Ärzten und Pflegepersonal ist dabei nicht immer einfach, da berufsspezifische Besonderheiten und tief sitzende Überzeugungen die Arbeitsweise vieler Mitarbeiter bestimmen. Deshalb ist es notwendig an der Organisation zu arbeiten. Dazu sollten sich die Mitarbeiter der beiden Berufsgruppen – möglichst stationsbezogen - regelmäßig zusammensetzen und die Probleme besprechen. Auch die Analyse von standardisierten Mitarbeiter-und Patientenbefragungen und der Patientendokumentation können dabei behilflich sein.

5.2 Führungsaufgaben im Rahmen der Komplexitätsbewältigung

2015 Herbst, Aufg.6 - Heterogenitäts- und Komplexitätsanspruch

Heterogenitätsanspruch

Es ist eine wichtige Führungsaufgabe, die Heterogenität oder Inhomogenität (Uneinheitlichkeit) der Mitarbeiter hinsichtlich Ihrer Berufsgruppe, Arbeit, Alters und Geschlecht zu erkennen, zu verstehen und zu nutzen. Unterschiedliche Sichtweisen und Auffassungen sind nicht negativ zu werten, sondern sollten kommunikativ genutzt werden, Probleme zu lösen und die Qualität der Arbeit zu erhöhen.

Heuristische Entscheidungen

Heuristische Entscheidungen sind eine Methode, mit begrenztem, unvollständigem Wissen durch Schätzung dennoch zu einer guten Lösung eines Problems zu kommen.

5.3 Strategische und operative Handlungsmöglichkeiten

Strategisches Management
Planung und Umsetzung von Maßnahmen, um ein bestimmtes Unternehmensziel in einer bestimmten Zeit (in der Regel zwei bis fünf Jahre) zu erreichen. Dabei geht es insbesondere da-rum, Chancen, Einflussfaktoren und Risiken zu erkennen und zu beurteilen, die richtigen strategischen Entscheidungen zu treffen und die Zukunft des Unternehmens zu gestalten.

Integriertes Management
Zusammenfassung verschiedener Managementkonzepte, wie z.B. Qualitäts-, Risiko-, Umweltschutz-, Arbeitsschutzmanagement, zu einem einheitlichen Managementsystem.

5.4 Entwickelte Handlungsmöglichkeiten

2014 Herbst Aufg. 3
Entwicklung nichtstationärer Leistungen im Krankenhaus

Ambulantes Operieren (§ 115b, SGB V)
Krankenhäuser können grundsätzlich ambulante Operationen (ohne stationären Aufenthalt) durchführen. Wichtig ist dabei, dass diese Operationen möglichst in separaten Operationssälen mit einem personellen Aufwand erfolgt, der der deutlich geringeren Vergütung entspricht (Kostendeckung).

Übernahme von KV-Leistungen bei Unterversorgung durch niedergelassene Ärzte (SBG V, § 116a)
Bei regionaler Unterversorgung können sich Krankenhäuser oder angestellte Ärzte von den kassenärztlichen Vereinigungen im Ausnahmefall ermächtigen lassen, Patienten ambulant zu behandeln.

Durchführung hoch spezialisierter ambulanter Leistungen (SGB V, § 116b)
Auf der Grundlage der Bestimmungen des § 116b können Krankenhäuser hoch spezialisierte Leistungen sowie seltene Erkrankungen im Ausnahmefall behandeln (Katalog).

Disease-Management-Programme (SGB V, § 137f)
Strukturierte Behandlungsprogramme für chronisch kranke Menschen. Durch eine strukturierte medizinische Betreuung sollen Behandlung und Lebensqualität verbessert, Folgeschäden und unnötige Kosten aus Spätfolgen vermieden werden. Krankenhäuser können sich ambulant an diesen DMP-Programmen beteiligen.

5.5 Komplexitätsmanagement in der betrieblichen Praxis

Matrixorganisation
Organisation eines Unternehmens nach dem Mehrliniensystem in Sachen Zuständigkeit und Verantwortlichkeit durch gleichzeitige Gliederung nach funktionalen wie nach objektbezogenen Kriterien. Das bedeutet, dass Mitarbeiter den Leitern verschiedener Bereiche unterstellt sind. Dabei wird nach-fachlicher und disziplinarischer Weisungsbefugnis unterschieden. Außerdem wird die fachliche Leitung oft auf ein Projekt bezogen und ist auf den Projektzeitraum begrenzt.

Tensororganisation und Hybridformen
Mehrdimensionale komplexe Organisationssysteme für international agierende Unternehmen.
Unüblich in deutschen Unternehmen des Sozial-und Gesundheitsbereiches.

6. Gestalten und Optimieren von Prozessen

6.1 Dienstleistung als Wertschöpfungsprozess

2012 Herbst Aufg. 3 - Interne Dienstleistung

Interne Dienstleister

In den Kliniken wirkt eine Vielzahl von Beschäftigten als sogenannte interne Dienstleister, um eine umfassende und reibungslose Versorgung der Patienten zu gewährleisten.

Im Gegensatz zu externen Dienstleistungen werden keine Vergütungen für diese Leistungen gezahlt. Allerdings erfolgt i.d.R. eine Bewertung im Rahmen der betrieblichen Leistungsverrechnung.

Beispiele für interne Dienstleister sind:

-Radiologie
-Endoskopie
-Krankenhausapotheke
-Pathologie
-Physiotherapie
-Hol-und Bringedienst
-Personalmanagement

Casemanagement in Alteneinrichtungen

Das „Casemanagement" oder Fallmanagement gewinnt auch in Alteneinrichtungen zunehmend an Bedeutung. Zum einen geht es um institutionelle Leistungen, wie z.B. die Schaffung zusätzlicher Alteneinrichtungen und Betreuungsplätze oder die Vernetzung von Pflegeleistungen mit Betreuungsleistungen und notwendigen ärztlichen Leistungen und zum anderen um die Entwicklung von individuellen und bedarfsgerechten Falllösungen für die einzelnen Bewohnerinnen und Bewohner der Alteneinrichtungen.

Phasen des individuellen Casemanagements in Alteneinrichtungen:
- Beratung: Aufnahme, Erkennen von Fähigkeiten und Problemen der Bewohnerin/des Bewohners;
- Planung: Pflege- und Beschäftigungsplanung;
- Intervention: Pflegedurchführung, Beschäftigung, Leistungssteuerung;
- Monitoring: Kontrolle und Optimierung der Maßnahmen;
- Evaluation: Pflegedokumentation, Ergebnisbewertung.

6.2 Management-, Kern- und Unterstützungsprozesse

2014 Herbst Aufg.2
Kern- und Unterstützungsprozesse beim Entlassmanagement

Kernprozesse
Kernprozesse sind alle Aktionen eines Unternehmens, die unmittelbar dem Unternehmenszweck, der Wertschöpfung und der Erfüllung der Kundenwünsche dienen. Im Krankenhaus sind dies beispielsweise die Diagnose und Therapie von Erkrankungen. Im Prüfungsbeispiel werden auch die Aufnahme und Entlassung des Patienten zu den Kernprozessen gezählt.

Unterstützungsprozesse
Unterstützungsprozesse sind alle internen und externen Dienstleistungen zur Unterstützung der Kernleistungen. Im Krankenhaus sind dies beispielsweise die Reinigung, Verpflegung und der Service.

Optimierung eines Kernprozesses am Beispiel Erstellung und Versand der Arztbriefe mithilfe des Managementregelkreises

Ziel: im Sinne einer guten Zusammenarbeit mit den einweisenden Ärzten sollen alle Arztbriefe 24 Stunden nach der Entlassung des Patienten erstellt und versandt sein;
Plan: Optimierung der Dienstplangestaltung analog zu den Entlassungszahlen (Schwerpunkt Freitag)und Entwicklung von Arztbriefstandards;
Entscheidung: Entwicklung und Festlegung neuer Arbeitszeiten und Arztbriefstandards unter Mitwirkung der betroffenen Mitarbeiter;
Durchführung: Umsetzung der Festlegungen
Kontrolle: telefonische Stichprobenprüfung bei den Einweisern zum Eingang der Arztbriefe.

Managementprozesse

Steuerung der Kern-und Unterstützungsprozesse mit dem Ziel eines effektiven Produkt-, Finanz-und Qualitätsmanagements und der Entwicklung einer erfolgreichen Strategie.
Der Managementprozess besteht aus folgenden Phasen:
-Zielsetzung
-Planung
-Entscheidung
-Realisierung
-Kontrolle

6.3 Optimierung betrieblicher Prozesse

2013 Herbst Aufg. 5:
Controllingfunktionen und Controllinginstrumente

Controllingfunktionen
-Planungsfunktion
-Steuerungsfunktion
-Kontrollfunktion
-Koordinationsfunktion
-Unterstützungsfunktion
-Beratungsfunktion

Controllinginstrumente (Beispiele)
-GAP-Analyse
-SWOT-Analyse
-Ansoff-Matrix
-Portfolioanalyse
-Benchmarking

2016 Früh Aufg. 2 – Umsatzerweiterung mit Hilfe des Pflegekomplexmaßnahmenscore
Pflegekomplexmaßnahmenscore
Seit 2012 können auch Pflegeleistungen kodiert werden. Es handelt sich hierbei um Leistungen der hochaufwendigen Pflege. Damit kann nun auch die Pflege Einfluss auf die DRG-Vergütung von Krankenhausleistungen nehmen. Grundlagen sind der Operationen- und Prozedurenschlüssel (OPS 9-20) und die Pflegepersonalregelung (PPR A4). Der Pflegekomplexmaßnahmenscore (PKMS) ist das Werkzeug, mit dessen Hilfe festgestellt und kalkuliert werden kann, ob eine Pflegeleistung hochaufwendig ist. Beispiele für hochaufwendige Pflege finden sich z.B. in den Krankheitsbildern extreme Adipositas und schwerste Demenz.

Operationen- und Prozedurenschlüssel (OPS 301)

Katalog mit über 28.000 möglichen Verschlüsselungen von medizinischen und pflegerischen Operationen und Prozeduren auf der gesetzlichen Grundlage des SGB V, § 301.
Er dient u.a. der Erfassung und Verschlüsselung (Kodierung) der im Krankenhaus erbrachten Leistungen und ist damit eine der Grundlagen zur Abrechnung der DRG-Fallpauschalen. Grundlage des OPS ist die deutsche Umsetzung des ICPM (Internationale Klassifikation der Prozeduren in der Medizin).

GAP-Modell („Lücken-Modell")

Mit Hilfe des GAP-Modells werden die Unterschiede („Lücken") der Wahrnehmung der Dienstleistungsqualität durch den Dienstleistungsanbieter und den Kunden festgestellt und analysiert. Auf der Grundlage von fünf Qualitätslücken (GAPs) werden mögliche Ursachen für eine mangelnde Dienstleistungsqualität dokumentiert.–Lücke zwischen:
-Kundenerwartung und Wahrnehmung durch Management
-Wahrnehmung der Kundenerwartung durch das Management und deren Umsetzung in Dienstleistungsqualität
-geplanter Dienstleistungsqualität und erbrachter Leistung
-erbrachter Leistung und der an den Kunden kommunizierten Leistung
-erwarteter und wahrgenommener Dienstleistungsqualität durch den Kunden. Je größer die GAP-Lücken sind, desto unzufriedener sind die Kunden und umso problematischer ist eine Bindung an Produkt und Unternehmen. Daraus erfolgt die Verpflichtung des Unternehmens, die Qualität der Dienstleistung regelmäßig zu überprüfen.

SWOT-Analyse

Methode der strategischen Managementanalyse und Grundlage der Marketingstrategien.

Dabei geht es um die Darstellung und Analyse der Stärken und Schwächen (interne Analyse) sowie der Chancen und Gefahren (externe Analyse) von Projekten in einer Matrixübersicht.

Ansoff-Matrix

Analyse der Möglichkeiten und Risiken der vier Produkt-Markt-Kombinationen, Marktdurchdringung, Produktentwicklung, Marktentwicklung und Diversifikation.

	Altes Produkt	Neues Produkt
Alter Markt	Markt-durchdringung	Markt-entwicklung
Neuer Markt	Produkt-entwicklung	Diversifikation

Marktdurchdringung = mit vorhandenem Produktprogramm Maximierung des Marktanteils.
Marktentwicklung = Erschließung neuer Märkte (neue Regionen und/oder neue Zielgruppen) mit dem vorhandenen Produktprogramm.
Produktentwicklung = auf bereits bearbeiteten Märkten Stärkung der Position durch Erweiterung des Produktprogramms.
Diversifikation = Erschließung neuer Märkte mit neuen Produkten.

Portfolioanalyse

Die Portfolio-Analyse ist ein Planungs- und Analyseinstrument des Marketings zur Untersuchung der „Marktattraktivität", des Marktwachstums und der Marktanteile. Hierbei werden die Unternehmensprodukte in vier Kategorien mit eigenen Normstrategien eingeteilt, den Question Marks, den Stars, den Cashcows und den Poor Dogs. Die Question Marks sind die „Babys" unter den Produkten, hier gilt es, die Entwicklung konsequent voranzutreiben oder bei Aussichtslosigkeit die Entwicklung einzustellen. Die Stars sind die „Sterne“ unter den Produkten, hier gilt es, die Position zu halten und auszubauen. Die Cashcows sind die „Melkkühe“ unter den Produkten, hier gilt es, die Position zu halten und zu „melken“. Die Poor Dogs sind die Produktauslaufmodelle („arme Hunde“), hier gilt es, diese auslaufen zu lassen und bei Verlusten zu eliminieren.

Benchmarking
Vergleiche mit anderen Unternehmen, um neue Methoden und Praktiken zu erkennen und zu entwickeln.

7. Anwenden von Organisationstechniken

7.1 Organisation und Organisationsmodelle

2013 Früh Aufg.4
Dezentrales Controlling im Krankenhauskonzern
Controlling
Planungs-, Koordinations- und Kontrollaufgabe, um die Unternehmensführung mit den notwendigen Informationen zur Steuerung der Betriebsabläufe zu versorgen und die Produkte und Dienstleistungen zu optimieren. Es wird zwischen strategischen und operativen Controlling unterschieden. Beim strategischen C. geht es um die Steuerung des Unternehmens auf der Grundlage von Marktanalysen, beim operativen um Wirtschaftlichkeit, Liquidität und Rentabilität. Ferner wird zwischen zentralem und dezentralem Controlling unterschieden.
Zentrales und dezentrales Controlling
Das zentrale Controlling ist i.d.R. ein Bereich in der Geschäftsführung oder im Rechnungswesen eines Unternehmens. Die Mitarbeiter sind dabei nur an die Anweisungen der direkten Vorgesetzten und der Geschäftsführung gebunden und handeln (oft) in deren direktem Auftrag. Beim dezentralen Controlling werden den Fachbereichen ein oder mehrere Controller zugeordnet, die dann i.d.R. nicht nur dem Leiter der Controllingabteilung sondern auch dem Leiter der Fachabteilung nachgeordnet sind. Der Vorteil des dezentralen Controllings besteht darin, dass die Controller das Leistungsgeschehen besser beurteilen können. Der Nachteil besteht darin, dass Konflikte zwischen dem Leiter der Fachabteilung und dem Controlling möglich sind.Im Prüfungsbeispiel sind das zentrale Controlling bei der „Konzernmutter“ und das dezentrale Controlling bei den einzelnen Krankenhäusern des Konzerns zugeordnet.

2015 Früh, Aufg.6 - Sparten- und Matrixorganisation

Spartenorganisation

Organisation eines Unternehmens nach Geschäftsbereichen (Krankenhaus, medizinisches Versorgungszentrum und Pflegeeinrichtung). Man spricht hierbei von einer Einlinienorganisation, da die Organisationseinheiten nur nach Geschäftsbereichen (Sparten) gegliedert sind.

Vorteile der Spartenorganisation

- hohe Selbständigkeit der Sparten
- hohe Motivation der Mitarbeiter
- hohe Identifikation der Mitarbeiter mit dem Unternehmen und dem Bereich
- kaum Koordinationsaufwand

Nachteile der Spartenorganisation

- geringer Informationsaustausch zwischen den Sparten
- mögliche Synergien können nicht genutzt werden
- Verselbständigung der Sparten (Spartenegoismus)

Matrixorganisation

Organisation eines Unternehmens nach Zuständigkeit und Verantwortlichkeit. Man spricht hierbei auch von einer Mehrlinienorganisation, da (im Prüfungsbeispiel) die Hierarchieebenen nach Geschäftsbereichen (Krankenhaus, medizinisches Versorgungszentrum und Pflegeeinrichtung) und nach Funktionen (Allgemeine Verwaltung, Personal, Qualitätsmanagement) gegliedert sind.
Mit dieser Untergliederung nach Geschäftsbereichen (Sparten) und Funktionen kann eine flexiblere Organisation des Unternehmens erreicht werden. Voraussetzung sind jedoch hoch qualifiziertes Personal und Expertenwissen.

Vorteile der Matrixorganisation
- flexible Organisation
- Teamarbeit
- direkte Kommunikation
- hoher Know-how-Transfer
- hohe Spezialisierung des Führungspersonals
- Einsparung von Zwischeninstanzen

Nachteile der Matrixorganisation
- hoher Koordinierungsaufwand
- hoher Kommunikationsbedarf
- hoher Bedarf an Führungskräften
- Konfliktpotential
- Kompromissgefahr

7.2 Wissensmanagement und Informationsmanagement

7.2.1 Kenntnisse, Fertigkeiten und Fähigkeiten in Organisationen

2015 Herbst, Aufg.9 – Implizites Wissen in Alteneinrichtungen
Explizites Wissen
Wissen, das verständlich in Sprache und Schrift nach „außen" getragen (vermittelt) und verstanden werden kann.
Implizites Wissen
Wissen, wie es geht - bei gleichzeitigem Unvermögen, dies ausdrücken und erklären zu können („stilles" Wissen oder Können).
Handlungskompetenz
Fähigkeit in beruflichen und sonstigen Situationen sach- und fachgerecht zu agieren. Voraussetzungen dabei sind:
- Fachkompetenz
- Selbstkompetenz (Humankompetenz)
- Sozialkompetenz

7.2.2 Daten, Informationen und Wissen in Organisationen

Kommunikationssystem in Unternehmen des Gesundheits- und Sozialwesens
Methoden zur Sicherung der Kommunikation in den Unternehmen. Dazu zählen die technischen Systeme zur Nachrichtenübermittlung als auch die Einbindung der Mitarbeiter in Gesprächen, Sitzungen und Versammlungen.

8. Steuern betrieblicher Veränderungsprozesse

8.1 Organisationsentwicklung

8.1.1 Herausforderungen und veränderte Dynamik

Entwicklung der Alterstruktur der Gesellschaft

Die ständig steigende Lebenserwartung und der Rückgang der Geburtenzahlen werden die Struktur der Alterspyramide in den kommenden Jahren gravierend verändern. Und diese Veränderungen haben wiederum wesentliche Auswirkungen auf die Finanzierung von Sozialleistungen, insbesondere auf den „Generationenvertrag" zur Finanzierung der Renten.

Der Staat hat auf diese Entwicklung bisher zurückhaltend reagiert. So wurden zwar die schrittweisen Erhöhungen der Regelaltersgrenze auf 67 Jahre und der Besteuerung der Renten beschlossen und umgesetzt. Auch wurden mehrere familienfreundliche Maßnahmen in Kraft gesetzt. Wenn die o.a. Entwicklungen aber anhalten, werden neue politische Festlegungen notwendig.

Beitragsatz der Krankenversicherung

Von 2015 an wurde der allgemeine Beitragssatz in der gesetzlichen Krankenversicherung von bisher 15,5% auf 14,6% gesenkt. Arbeitgeber und Arbeitnehmer tragen jeweils 7,3%. Der bisherige Sonderbeitrag von 0,9%, den die Krankenkassenmitglieder alleine zahlen müssen, entfällt. Allerdings kann nun jede Krankenkasse einen einkommensabhängigen Zusatzbeitrag erheben, der wiederum allein von den Arbeitnehmern zu tragen ist.

Die Festlegung, die Arbeitgeber künftig nicht zusätzlich zu belasten, ist aus wirtschaftlicher Sicht grundsätzlich richtig. Gilt es doch die Lohnnebenkosten zu begrenzen und somit die Arbeitsplätze zu sichern. Es ist aber davon auszugehen, dass die Kosten im Gesundheitswesen durch den wissenschaftlichen Fortschritt und die demografische Entwicklung der Gesellschaft weiter überdurchschnittlich steigen. Die Umsetzung der hieraus resultierenden einseitigen Belastung der Arbeitnehmer mit diesen Mehrkosten wird (politisch) spannend.

Privatisierung der kommunalen Krankenhäuser

In den letzten Jahren ist ein starkes Anwachsen des privaten Krankenhaussektors zu beobachten. Eine besondere Rolle spielen dabei Krankenhauskonzerne, die oft defizitäre kommunale Krankenhäuser übernehmen. Unternehmensziel der gewerblichen Krankenhauskonzerne ist es, die Behandlung der stationären Patienten so zu gestalten, dass die Einnahmen die Ausgaben übersteigen; also Gewinne erzielt werden.
Die kommunalen und freigemeinnützigen Träger sind dagegen gemeinnützig und haben keine Gewinnerzielungsabsicht. Gewinne und Gewinnrücklagen sind umgehend wieder in den betrieblichen Kreislauf zurückzuführen (in der Regel für Investitionen). Die Vorteile der Privatisierung liegen darin, dass ehemals defizitäre kommunale oder gemeinnützige Kliniken nicht geschlossen werden, in vielen Fällen eine bessere medizinische Leistung durch Schwerpunktbildung und Anpassung des Leistungsspektrums und eine bessere Möglichkeit der Spezialisierung der Krankenhausleistungen möglich wird. Nachteile sind die Gefährdung des Versorgungsauftrages, Konzentration auf wirtschaftliche Bereiche der Krankenhäuser,

hohe Leistungsanforderungen an die Mitarbeiter, Ausstieg aus kommunalen Tarifsystemen und große Unterschiede in der Lohn- und Gehaltsstruktur.

Entwicklung der stationären Pflegeeinrichtungen
Auf Grundlage des demografischen Wandels der Gesellschaft erhöht sich der Bedarf an Einrichtungen zur stationären Pflege erheblich. Dem wird einerseits durch die Förderung der Errichtung neuer Einrichtungen Rechnung getragen. Gleichzeitig besteht aber das Problem, qualifizierte Mitarbeiter für diese Einrichtungen zu finden oder auszubilden.
Der wesentliche Grund hierfür ist das immer noch schlechte Image der Altenpflege. Hinzu kommen in vielen Fällen eine zu geringe Personalausstattung, schlechte Vergütung, schlechte Arbeitsatmosphäre, unzureichende Arbeitsmittel und mangelhafte räumliche Arbeitsbedingungen.

8.1.2 Strategien der Organisationsentwicklung

2013 Herbst Aufg.6
Organisationsentwicklung durch eine System-Umwelt-Analyse
Themenbereiche der System-Umwelt-Analyse (Beispiele)
- externe Erwartungen
- interne Zielsetzungen
- Dienstleistungsangebote
- betriebswirtschaftliche Ziele
- Aufbau-, Ablauforganisation
- Mitarbeiter

Mögliche Fragestellungen zu den o.a. Themenbereichen
Externe Erwartungen:

- Erwartungen externer Stakeholder
- Erwartungen der Kunden
- Beziehungen zu den regionalen Medien

Interne Zielsetzungen:
- Leitbild des Unternehmens
- Verhaltensgrundsätze
- interne Zielgruppen
- ökologische Ziele

Dienstleistungsangebote:
- aktuelle Dienstleistungsangebote des Unternehmens
- sind die Angebote bedarfsgerecht
- wie wird die Qualität der Dienstleistungen gemessen

Betriebswirtschaftliche Ziele:
- finanzielle Situation des Unternehmens
- Planung neuer Geschäftsfelder
- Finanzierung neuer Geschäftsfelder

Aufbau-, Ablauforganisation:
- Aufbauorganisation und effektives Arbeiten
- Ablauforganisation und effizientes Arbeiten

Mitarbeiter:
- Leitlinien der Personalpolitik
- gerechte Bezahlung der Mitarbeiter
- Vertretung der Mitarbeiter
- Störungen und Konflikte

8.1.3 Prozess der Organisationsentwicklung

2013 Herbst Aufg. 7
Organisationsentwicklung durch einen Analyse-Workshop zur o.a. System-Umwelt-Analyse

Gliederung des Analyse-Workshops
- Eröffnung und Begrüßung der Teilnehmer
- Information über Ziel und Aufgabe des Analyse-Workshops
- Ergebnisse der System-Umwelt-Analyse vorstellen
- Problem- und Aufgabenstellungen formulieren
- Bildung von Arbeitsgruppen zu den Problem- und Aufgabenstellungen
- Lösungsvorschläge entwickeln
- gemeinsame Beratung der Lösungsvorschläge der Arbeitsgruppen
- Bewertung der Lösungsvorschläge
- Umsetzungsplanung
- Ergebniszusammenfassung
- Verabschiedung der Teilnehmer
- Weitergabe der Lösungsvorschläge an die Geschäftsführung

8.2 Change Management

8.2.1 Aufgaben und Funktionen

2012 Herbst Aufg. 4
Change Management im Reha-Bereich einer Klinik
(Siehe auch Pkt. 8.2.2)

Kernaspekte des Change Management
Change Management (Veränderungsmanagement) beinhaltet alle Aufgaben und Umsetzungen, die zu umfassenden inhaltlichen und bereichsübergreifenden Veränderung im Unternehmen, insbesondere in der Organisations- und Personalentwicklung, notwendig sind. Das Veränderungsmanagement ist ein kontinuierlicher, permanenter Prozess, da sich die Unternehmen ständig neuen Marktanforderungen stellen müssen.
Ziel des Change Managements ist, neue und effizientere Strukturen und Prozesse zu entwickeln, um den Anforderungen der Stakeholder (u.a. Patienten, Krankenversicherungen) zu entsprechen.
Ein wesentliches Problem des Veränderungsmanagements ist, dass Menschen den Veränderungen zunächst oft sehr skeptisch gegenüber stehen. Deshalb ist es wichtig, möglichst viele Mitarbeiter der Unternehmen in diesen Prozess einzubinden.

Phasen des Veränderungsprozesses nach Kurt Lewin
- Auftauphase (Notwendigkeit der Veränderung bewusst machen)
- Bewegungsphase (Lösungen entwickeln, ausprobieren)
- Einfrierphase (Umsetzung der gefundenen Lösungen, neuer Standard)

Phasen des Veränderungsprozesses nach John P. Kotter
- Notwendigkeit der Dringlichkeit vermitteln
- Führungsmannschaft aufbauen
- Vision und Strategie entwickeln
- Vision kommunizieren
- Hindernisse beseitigen
- kurzfristige Erfolge sichtbar machen
- Veränderung weiter antreiben, nicht nachlassen
- Veränderungen im Unternehmen umsetzen

8.2.2 Methoden

2012 Herbst Aufg.4 - Change Management im Reha-Bereich einer Klinik (Siehe auch Pkt. 8.2.1)
2013 Früh Aufg.5 - Change Management in den Fachabteilungen Neurologie und Neuropsychiatrie (Siehe auch Pkt. 8.2.3 und 8.2.4)

Methoden Change Management
- Workshops (kreative moderierte Arbeitstreffen)
- Klausuren (Tagungen unter Ausschluss der Öffentlichkeit)
- Projektarbeit (Bildung von Projektteams zur Lösung von Aufgaben)

Open Space (Großgruppenworkshop)
Methode des Change Managements, durch einen ergebnisoffenen Workshop mit einem Moderator, einem „Generalthema" und möglichst vielen, aktiven Mitarbeitern (ohne Begrenzung der Teilnehmerzahl) komplexe Fragen und Probleme zu lösen. Bildung von „Unterthemen" und Unterthemenworkshops, wobei jeder Mitarbeiter entscheiden kann, in welchem Workshop er teilnimmt und wie lange.

Kriterien:
- keine Begrenzung der Teilnehmerzahl
- Begrenzung der Führungseingriffe in die Diskussion
- Einrichtung von Workshops für „Unterthemen" des Problems
- Teilnahme an den Workshops ist freiwillig

Regeln für Führungskräfte:
- klare Formulierung des Problems (Generalthema)
- Motivierung der Mitarbeiter
- ergebnisoffene Diskussionsführung

Meeting

Beratung, Sitzung, Verhandlung. Strukturierte Zusammenkünfte zur Bearbeitung und Lösung bestimmter Themen und Probleme.

Zukunftswerkstatt

Kreative Methode des Change Managements zur besseren Einbeziehung von Menschen (Mitarbeitern) in Veränderungsprozesse. Die Mitarbeiter sollen diese Veränderungen mit gestalten, sich in den Lösungen wiederfinden. Jeder soll zur Lösung beitragen, jeder soll mit der Lösung leben können.

Phasen:
- Jammerphase (Kritikphase)
- Phantasie- und Utopiephase
- Umsetzungsphase

Regeln:
- kluge und sensible Moderation
- überschaubare Methodenvielfalt
- Vermeidung von „Totschlagargumenten"
- Information über die Ergebnisse

8.2.3 Abläufe

2013 Früh Aufg.5
Change Management in den Fachabteilungen Neurologie und Neuropsychiatrie
(siehe auch Pkt. 8.2.2 und 8.2.4)

Widerstände und Konflikte im Prozess des Change Management
- emotionale Widerstände (Angst vor Veränderung, Angst vor Verantwortung)
- kognitive Widerstände (fehlendes Verständnis, fehlende Informationen)
- Wahrnehmungsprobleme (unterschiedliche Fähigkeiten und Kenntnisse)

8.2.4 Ergebnisse

2013 Früh Aufg. 5
Change Management in den Fachabteilungen Neurologie und Neuropsychiatrie
(Siehe auch Pkt. 8.2.1, Aufgabe 2012 Herbst Aufg. 4)
(siehe auch Pkt. 8.2.2 und Pkt. 8.2.3)

Ergebniskriterien für die Bewertung der Veränderung in den Fachabteilungen Neurologie und Neuropsychiatrie
- Fallzahlenentwicklung (Patientenzahl)
- Verweildauerentwicklung (Dauer des Aufenthalts der Patienten)
- Patientenzufriedenheit
- Mitarbeiterzufriedenheit
- Ergebnis (Gewinn/Verlust) der Fachabteilungen

Stichwortverzeichnis

Literatur

Reihe „Prüfungswissen kompakt

Alle Ausgaben als e-book bei amazon im kindle-Format (lesbar auch ohne Kindle mit einer kostenlosen kindle-app) und gedruckt im Buchhandel:

- **Betriebliche Prozesse** (ISBN: 9783-95887-516-6)
- **Qualitätsmanagement** (ISBN: 9783-95887-526-5)
- **Schnittstellen und Projekte** (ISBN: 9783-95887-536-4)
- **Betriebswirtschaft** (ISBN: 9783-95887-546-3)
- **Personal** (ISBN: 9783-95887-556-2)
- **Marketing** (ISBN: 9783-95887-566-1)

Alle sechs Handlungsbereiche auch zusammen in einem Band:
Gesundheitsfachwirte: Zusammenfassung für die IHK-Klausuren 2016 (ISBN: 9783-95887-596-8)

Endlich gibt es

Gesundheitsfachwirte: Das Lexikon

Das gesamte Prüfungswissen aller sechs Fächer und bisherigen Klausuren von A – Z. - ISBN 978-3-95887-586-9; Mai 2016.

Das ganze Verlagsprogramm, Hinweise auf Neuerscheinungen und aktuelle Ergänzungen unter
www.fachwirteverlag.de

Vom gleichen Autor liegt vor:

Michael Sielmann u.a.: Fachwirt im Gesundheits- und Sozialwesen werden – Zwei Situationsbeschreibungen mit je vier Aufgabensätzen und Musterlösungen (ISBN: 9783-794908950)